DEREK PRINCE

TANRI'NIN SAĞLAYIŞINI EKSIKSIZ ALMAK

I0190569

GDK

GDK YAYIN NO: 324
KİTAP: Tanrı'nın Sağlayışını Eksiksiz Almak / *Receiving God's Best*
YAZAR: Derek Prince
ÇEVİRMEN: Ani Kazazyan
KAPAK: Keğanuş Özbağ

ISBN: 978-1-78263-602-1
T.C. Kültür ve Turizm Bakanlığı Sertifika No: 16231

© **Gerçeğe Doğru Kitapları**
Davutpaşa Cad. Emintaş
Kazım Dinçol San. Sit. No: 81/87
Topkapı, İstanbul - Türkiye
Tel: (0212) 567 89 92
Fax: (0212) 567 89 93
E-mail: yaybilgi@gmail.com
www.gercegedogru.net

Kitapla ilgili görüşleriniz için: derekprinceturkey@gmail.com

Kutsal Kitap alıntıları, aksi belirtilmedikçe
Türkçe Bible Server.Com'dan yapılmıştır.

Baskı: Anadolu Ofset – Tel: (0212) 567 89 93
Davutpaşa Cad. Emintaş Kazım Dinçol San. Sit.
No: 81/87 Topkapı, İstanbul
Şubat 2017

İçindekiler

1

Yüz Misli Ürün Veren Hristiyan

Bu kitabın konusu "Eğer Tanrı'nın sağlayışını eksiksiz almak istiyorsanız..." Bu cümleyi yarım bırakmamın bir amacı var. İlk giriş kelimesi olan *eğer* sizi hemen bir tercih durumunda bırakıyor. Tanrı'dan gelen en iyiyi istiyor musunuz, yoksa istemiyor musunuz? Tanrı'nın sağlayışını eksiksiz olarak almayı gerçekten istediğinize karar verdiyseniz, cümlenin tamamlanmamış son kısmı ihtiyacınız olan sekiz şeyi paylaşmak için bana alan açıyor.

Başarıya götüren bu sekiz ilkeyi sizinle paylaşmadan önce yüz misli ürün veren bir Hristiyan nasıl olunur göstermek istiyorum.

Tanrı ile olan kişisel ilişkimiz asla tek taraflı veya tek gidişi olan bir yol değildir. Her zaman iki tarafı vardır; her zaman çift yönlüdür. Bir tarafta, Tanrı'nın bizim için sunduğu olanaklar; diğer tarafta ise, Tanrı'nın olanaklı kıldıklarına verdiğimiz karşılık vardır. Yaşadığımız hayat Tanrı'nın bizim için sunduğu olanaklar ve bu olanaklara verdiğimiz karşılıklarla belirlenecektir.

Bu durumu "ekinci" meseli çok iyi resmeder (Bkz. Matta 13:3-9, 18-23). Bu mesel tarlaya tohum ekmeye giden bir adam hakkındadır. Bu tohumlar dört farklı toprağa düştü. İlk olarak, bazı tohumlar yol kenarına düştü ve o toprak yoldan geçen birçokları tarafından çiğnenerek sertleşmiş olduğundan tohumlar toprağa gömülemedi bile. Sonuç olarak, gökteki kuşlar gelip onları yedi ve tohumlar hiçbir şey üretemedi.

İkinci olarak tohumlar kayalık alanlara düştü. Tohum kayayla karşılaşana dek kök saldı ve köklerini güçlendirmek yerine gövdesini aceleyle büyüttü. Güneş şiddetini artırdığında, bitki soldu ve bu tohum da hiçbir ürün vermedi.

Üçüncüler ise dikenler arasına düştü. Dikenler filizlerle birlikte büyüdü ve onları boğdu. Filizler ve tohumlar yeterli hava ve gübre alamadı, kalıcı bir ürün veremediler.

Ben bu ilk üç toprakla ilgilenmek istemiyorum. İsa'nın ilgilendiği kısımla, meselin odak noktası olan kısma odaklanmak istiyorum, yani iyi toprağa. Okuyucularımın yürekleri tohumlar için iyi topraklar olan insanlar olduğuna inanıyorum. İsa iyi topraklar hakkında şöyle demiştir:

İyi toprağa ekilen tohum ise, sözü işitip anlayan birine benzer. Böylesi elbette ürün verir, kimi yüz, kimi altmış, kimi de otuz kat.

(Matta 13:23)

Dikkat edin, ürün toplayan adam iki kilit özelliğe sahiptir: İlki, sözü duyar ve ikincisi, o sözü anlar. Bu özellikler iyi toprağı temsil eden herkeste bulunur. Ancak, Tanrı'nın iyi toprağını temsil eden kişiler ürün verseler dahi verdikleri ürün miktarında önemli farklar olabilir: Bazıları yüz kat ürün verir, bazıları altmış kat ve bazıları da sadece otuz kat. Diğer bir deyişle, bu topraklara dikilen tohumların biri yüz, diğeri altmış, bir diğeri de otuz kat ürün verebilir.

Altmış katı ve otuz katı ürün verenlerin toplamlarının dahi yüz katı ürün veren toprağın ürününden az olduğunu görmek şaşırtıcıdır. Tam bir bereketle ürün veren insanlar, sadece bir kısmı ile ürün veren insanlara kıyasla çok daha verimlidirler. Tanrı Sözü'nde bu prensibi hep görebiliriz.

Tanrı'dan en iyisini isteyen ve erişen insanları temsil eden yüz katı ürüne odaklanmak istiyorum. Aynı meselin farklı bir örneği Luka bölümünde de bulunmaktadır, burada İsa iyi toprak hakkında şu cümleyi kurar:

İyi toprağa düşenler ise, sözü işitince onu iyi ve sağlam bir yürekte saklayanlardır. Bunlar sabırla dayanarak ürün verirler.

(Luka 8:15)

Bu açıklamada, konumuz olan Tanrı'nın sağlayışını eksiksiz almayı istemek ile alakalı iki çok önemli faktör bulunur. İlk olarak, burada iyi ve sağlam olarak tanımlanan bir yürek vardır. Buradaki "sağlam" kelimesini "dürüst" olarak da tercüme edebiliriz. Yani bizden istenen ilk şey, açık olmayı ve samimi olmayı barındıran bir dürüstlüktür. Dürüstlük hiçbir şeyin üzerini kapamamak ve çifte standart gütmemek anlamındadır. Bu ilk taleptir.

İkinci olarak, bu dürüst insanların bu talebe verdikleri üç karşılık vardır: Sözü duyarlar, sözü kabul ederler ve sabırla dayanarak ürün verirler. Bu üç tutum çok önemlidir; bunların Tanrı'nın en iyi sağlayışına ulaşmak için hayati tutumlar olduğunu vurgulamalıyım. Özellikle sabırla dayanmak

Tanrı'nın sağlayışını eksiksiz elde etmek için bir anahtardır.

Bu meselede gözlerimizin önüne serilen prensip, her birimizi kişisel bir kararla yüzleştirir. İman yolunda yürürken aldığımız kararların önemini ne kadar vurgulasam azdır. Hayatlarımızın seyrinin duygularımıza göre değil, tamamıyla verdiğimiz kararlara göre şekillendiğini fark etmeyen o kadar çok insan var ki...

Kararlarımız her birimizi, ne kadar üretmeyi arzu ettiğimiz ile yüzleştirir. Otuz katı ile yetinecek miyim? Altmış kat ürün vermeyi arzuluyor muyum? Yoksa Tanrı'nın en mükemmel sağlayışını arzulayıp, yüz kat ürün üretmek istiyor muyum? Karar vermeniz gerektiği ile yüzleşmelisiniz. Bu kitabı okurken doğrudan şu soruyla yüzleşeceksiniz: Tanrı'nın benim için arzuladığı mükemmeli istiyor muyum? Yüz kat ürün vermeyi mi amaçlıyorum yoksa altmış, otuz kat ile yetinmek mi istiyorum?

Ne kadarını başarabileceğiniz yüreğinizin vereceği karşılığa bağlıdır. Daha önce de belirttiğim gibi Tanrı ile çift yönlü bir ilişkimiz vardır. Birinci yön, Tanrı'nın bizim için sağlayışı, ikinci yön ise bu sağlayışa *bizim* verdiğimiz karşılıktır.

Tanrı'nın sağlayışına doğru karşılığı vermenin üç basamağını Luka 8:15'da gördük. İlk olarak, Tanrı'nın Sözü'nü duymak; ikinci adım, sözü kabul etmek ve son olarak da bu işi sabırla dayanarak yapmak.

Evet, dürüst bir yürekten verilen karşılık bol ürün verecektir. Ayrıca emin olun ki Rab'bin isteği budur, yani sizin bol ürün vermeniz. Bir sonraki bölümde bu konuya daha ayrıntılı bakacağız.

2

Tanrı'nın Mükemmel Sağlayışı

Başarının sekiz prensibine geçmeden önce, verimli olmak ve ürün vermekle ilgili Kutsal Kitap'a dayanan iki gerçeği sizinle paylaşmak istiyorum. Bu iki gerçeği anladığınızda, bol ürün vermeniz için gerekli olan imana da sahip olacağınıza inanıyorum.

Rab Verimli Olmamızı İster

İlk gerçek şudur: Tanrı hepimizin ürün vermesini ister. Bu Tanrı'nın isteğinin değişmez maddesidir. Bu asla ilerde değişecek bir istek değildir. Tanrı'nın bu isteği, insanı yarattığı andan itibaren geçerliliğini korur. Bu, Tanrı'nın insanı yaratma amacıdır. Bu istek, Tanrı'nın insanı yaratışı ve yaratılış amacının kaydedildiği Yaratılış 1:27-28'de ifade edilir:

Tanrı insanı kendi suretinde yarattı. Böylece insan Tanrı suretinde yaratılmış oldu. İnsanları erkek ve dişi olarak yarattı.

Onları kutsayarak, "Verimli olun, çoğalın" dedi,
"Yeryüzünü doldurun ve denetiminize alın; deniz-
deki balıklara, gökteki kuşlara, yeryüzünde yaşa-
yan bütün canlılara egemen olun."

(Yaradılış 1:27-28)

Tanrı'nın insandan yapmasını istediği beş şey var-
dır:

1. Verimli olmaları
2. Çoğalmaları
3. Yeryüzünü doldurmaları
4. Denetimlerine almaları
5. Egemen olmaları

Bunların tümü Tanrı'nın insanı yaratırken amaç-
ladıklarıdır. Tanrı'nın amaçları asla değişmez.
Bunların tamamlanması insanın günaha düşmesi
ile ertelenmiş olabilir fakat Tanrı her zaman bir
adım önde olarak amacına ulaşır.

İsa Mesih'teki yeni yaratılışta Tanrı'nın aynı
amaçları bir kez daha yenilenmiştir. Bu İncil'in
birçok yerinde açıklanmıştır. Özellikle Pavlus'un
ihtimam gösterdiği Hristiyanlar için ettiği duada
bunu görmekteyiz. Bu güzel dua Koloseliler 1:9-
12'de yazılıdır ve olumlu bir vurguya sahiptir. Bu
duadaki her bir söz olumludur; tek bir olumsuz söz
dahi bulunmaz:

Bunu işittiğimiz günden beri biz de sizler için dua etmekten, tam bir bilgelik ve ruhsal anlayışla Tanrı'nın isteğini bütünüyle bilmenizi dilemekten geri kalmadık.

Rab'be yaraşır biçimde yaşamanız, O'nu her yönden hoşnut etmeniz, her iyi işte meyve vererek Tanrı'yı tanımakta ilerlemeniz için dua ediyoruz.

Her şeye sevinçle katlanıp sabredebilmeniz için O'nun yüce gücüne dayanarak bütün kudretle güçlenmenizi diliyoruz.

Bizi kutsalların ışıktaki mirasına ortak olmaya yeterli kılan Baba'ya şükretmeniz için dua ediyoruz.
(Koloseliler 1:9-12)

Bu metindeki tüm olumlu kelimeleri vurgulamam için bana izin verin. İlk olarak, Pavlus Kolose'de bulunan ve Tanrı'nın amacından haberdar olan, sadece Tanrı'nın amacına bir yerlerden sahip olmamış ama bu amaç ile dolmuş Hristiyanlar'dan bahseder. Bu bilinç "tam bir bilgelik ve ruhsal anlayışla" (9. ayet) gelir, sadece *biraz* değil ama *tam* bir ruhsal anlayış. Daha sonra duasını, hayatlarının her alanında (sadece bazı alanlarında değil, ama hayatlarının her alanında) Rab'bi memnun eden bir hayat yaşamalarını dileyerek sürdürür.

"Her iyi işte" (10. ayet) ürün vermeleri için dua eder; bu Tanrı bilgisinde yüz kat büyümektir. Daha sonra, "O'nun yüce gücüne dayanarak bütün kudretle güçlenmeleri" (11. ayet) için dua eder - *biraz* güç için değil ama *bütün* kudretle- ve bunun sonucu onlarda "katlanış ile sabretmeyi" doğuracaktır.

Azimli olmak veya sabırla katlanmak, ekinci meselesindeki kilit kelimelerdir. Burada, Pavlus bizden sonsuz sabıra, katlanışa ve sevince sahip olmamızı istiyor. Son olarak, Pavlus Baba Tanrı tarafından bize kazandırılan mertebeyi belirten bir cümle kurar: "Bizi kutsalların ışıktaki mirasına ortak olmaya yeterli kılan Baba'ya şükretmeniz için dua ediyoruz" (12. ayet). Tüm kutsalların ışıktaki mirasına girme hakkını Tanrı bize sağladı.

Tanrı'nın arzusu Tanrı'nın Sözü'nde sonsuza dek temellenmiştir. O verimli olmamızı ister; ürün vermemizi, her tür iyi işte başarılı olmamızı ve O'nu her yönden hoşnut etmemizi ister. Ayrıca tüm bunları yapmamız için O, bizi bu nitelik ve vasıflarla donatmıştır.

Şimdiye kadar Tanrı'nın bizden her iyi işte bol ürün vermemizi istediğini gördük. Bu Tanrı'nın isteğidir ve bu konuda hiç bir şüphe yoktur. Asıl mesele, O'nun isteğine vereceğimiz cevabın şeklidir.

Tanrı Her Olanağı Sağlamıştır

Vurgulamak istediğim ikinci gerçek, verimli olmamız için Tanrı'nın bize her olanağı sağlamış olduğudur. Pavlus'un duasında gördüğümüz gibi Tanrı "kutsalların ışıktaki mirasına ortak" (Koloseliler 1:12) olmamız için bizi her açıdan donatmış ve yeterli kılmıştır. Yeni Antlaşma'da bu gerçek birçok şekilde gözler önüne serilmiştir. İşte Tanrı'nın bu eksiksiz sağlayışını anlatan çok güçlü bir ifade daha:

Kendi yüceliği ve erdemiyle bizi çağıranın tanrısal gücü, kendisini tanımamız sonucunda yaşamamız ve Tanrı yolunda yürümemiz için gereken her şeyi bize verdi.

O'nun yüceliği ve erdemi sayesinde bize çok büyük ve değerli vaatler verildi. Öyle ki, dünyada kötü arzuların yol açtığı yozlaşmadan kurtulmuş olarak, bu vaatler aracılığıyla tanrısal özyapıya ortak olasınız.

(2. Petrus 1:3-4)

"Bizi çağıranın tanrısal gücü" deyişine odaklanmanızı istiyorum. Tüm güce sahip olan, sınırsız bir güç, "gereken her şeyi bize verdi." Hayatımız ve tanrısal bir yaşam için gerekli herşeyi Tanrı'nın bize *verdiğini* vurgulamama izin verin. Bu birbiriyle bağlantılı iki yolla sağlandı: İlki "kendisini tanımamız sonucunda" (3. ayet), ki bu İsa Mesih'i bilmemiz anlamına gelir; ikincisi ise, "çok büyük ve değerli vaatler"i (4. ayet) sayesinde. Sağlayışa İsa Mesih'i tanımak ve Tanrı'nın Sözü'ndeki vaatleri benimsemekle sahip oluruz.

Bu bağlamda çok sık aktarmamam gerektiğini düşündüğüm bir özdeyiş vardır: *Sağlayış vaatlerin içindedir.* Tanrı'nın Sözü'ndeki vaatler ihtiyacımız olan tüm sağlayışı içermektedir. Bu durumda şöyle diyebilirsiniz: "Tanrı tüm sağlayışı sunduysa, peki nerede bu sağlayış?" Cevap, bu sağlayışın tamamı Tanrı'nın Sözü'ndeki vaatlerin içindedir. Bu vaatleri benimsedikçe, sağlayışı keşfedeceksiniz.

Vaatleri sahiplenmenin iki muhteşem sonucu vardır. İlk olarak, tanrısal doğaya paydaş oluruz. Bizzat Tanrı'nın Kendi karakteri bizimle birleşir ve biz O'nun ilahi doğasını paylaşmaya başlarız. İkinci olarak ise olumsuz bir durumdan, dünyanın kötü arzularının yol açtığı yozlaşmadan kurtuluruz (2. Petrus 1:4). Tanrı'nın Kendi doğasını paylaşmak ve dünyanın kötü arzularının yol açtığı yozlaşmadan kurtulmak, sizi nasıl hissettiriyor? Bu sizi cezbediyor mu? Tanrı bunun için tam bir sağlayış sunmuştur. Bunu yapabilmeyi sizin ve benim için mümkün kılmıştır. İhtiyacımız olan her şey bize zaten sağlanmıştır.

Bunun iki yönü vardır. Birincisi, size ait olan yönü, yani Tanrı'dan gelen en mükemmeli isteyip istemediğiniz? İkincisi ise Tanrı'ya ait olan yönü, yani bunu Tanrı'nın sizin için istemesi ve sizin için tam bir sağlayış sunmuş olması. Öyleyse kilit karar şudur: Tanrı'nın mükemmel sağlayışını eksiksiz olarak almak istiyor musunuz? Tanrı'nın sizin yerinize yapmayacağı bir şey vardır: Bu kararı sizin yerinize vermeyecektir. Kararı siz vermelisiniz.

İlerleyen bölümlerde, Tanrı'nın mükemmel sağlayışına sahip olmak istediğinizde gerekli olan belli başlı ilkeleri açıklayacağım. Bu ilkelerin bazı uygulamalarını vereceğim. Üç şeyde temellenmiş sekiz ilke vardır: Bunlardan ilki Kutsal Kitap'la; ikincisi benim kendi deneyimlerimle, ki bu kırk yıllık bir birikimdir, üçüncüsü de başkalarının deneyimleri hakkındaki kendi gözlemlerimle ilgilidir.

Farklı geçmişlerden, ırklardan ve ülkelerden birçok Hristiyan ile iletişim kurma ayrıcalığına eriştim ve bu kişiler içinden "yüz kat ürün vermek için istekli" insanları özellikle gözlemlemeye çalıştım. Onların hayatlarından başarıya ulaşma prensiplerini öğrenmeye çabaladım. Sizinle paylaşacağım şeyler bunlardır; başarının prensipleri ya da Tanrı'nın sağlayışını eksiksiz olarak alabilmek için yapmanız gereken şeyler.

3

Tanrı'nın Sağlayışını Eksiksiz Olarak Almayı İstemek

*E*ğer Tanrı'nın sağlayışını eksiksiz olarak almak istiyorsanız gerekli olan ilk şey Tanrı'nın sağlayışını eksiksiz olarak almayı istemek olacaktır. Bunu anlıyor musunuz? Eğer Tanrı'dan en mükemmeli istiyorsanız, ilk olarak yapmanız gereken şey Tanrı'dan gelen en mükemmeli *cidden* istediğiniz konusunda karar vermektir. Anahtar niteliğindeki temel karar budur. Tanrı'dan geleni eksiksiz olarak almayı istemelisiniz ve bundan daha azıyla yetinemeyeceğiniz konusunda karar vermelisiniz. Tanrı sizi bu seçenek için zorlamayacaktır. Bu kararı vermek bize düşer.

Bu prensibi Yakup ve Esav adındaki ikiz kardeşlerin hikayesi ile resmetmek istiyorum. Bu hikayeyi, kilit prensibi dikkate alarak anlatacağım. Bu bölüm ayetlerinde Tanrı'nın Yakup ve Esav'a söylediği dikkat çekici ifadeler bulunmaktadır. Örneğin, Malaki 1:2-3'de Tanrı Yakup'un soyu olan İsrailliler'le konuştu ve şöyle dedi:

"Esav Yakup'un ağabeyi değil mi?" [Cevap evettir: Gerçekten de ikiz kardeşiydi]

"Ben Yakup'u sevdim,
Esav'dan ise nefret ettim."

(Malaki 1:2-3)

Dikkat edin. Onlar ikiz kardeşlerdi ancak Tanrı Yakup'u sevdiğini ve Esav'dan nefret ettiğini söyledi. Tanrı'nın bir kardeşe olan tavrı ile diğer kardeşe olan tavrı tamamıyla birbirine zıttı. Birini sevdi diğerinden ise nefret etti. Aradan uzun zaman geçmesine rağmen, Pavlus Romalılar kitabında ikiz kardeşlerin bu durumuna değinir:

Ayrıca Rebeka bir erkekten, atamız İshak'tan ikizlere gebe kalmıştı.

Çocuklar henüz doğmamış, iyi ya da kötü bir şey yapmamışken, Tanrı Rebeka'ya, "Büyüğü küçüğüne kulluk edecek" dedi. Öyle ki, Tanrı'nın seçim yapmaktaki amacı yapılan işlere değil, kendi çağrısına dayanarak sürsün.

Yazılmış olduğu gibi, "Yakup'u sevdim, Esav'dan ise nefret ettim."

(Romalılar 9:10-13)

Yakup ve Esav aynı baba ve aynı anneden doğmuşlardı. Onlar sadece kardeş değilllerdi, ikizlerdi. İkiz olmalarına rağmen daha doğmadan Yakup Esav'a tercih edilmişti.

Romalılar kitabındaki bu bölüm iki önemli soruyu akla getiriyor: İlki, Tanrı Yakup'ta onaylayacağı ne görmüştü? Ve ikincisi: Tanrı Esav'da onaylamayacağı ne görmüştü? Kısaca, Tanrı neden Yakup'u sevdi ve Esav'dan nefret etti?

İzin verin ayetleri göz önünde bulundurarak ve Esav'dan başlayarak size bu iki kişinin karakterlerini tasvir edeyim. Esav "iyi biri" idi, "iyi bir delikanlıydı." Güçlüydü, hareketliydi, mertti, avcıydı. Kimseye zararı dokunmamıştı. Babasının gözdesiydi. Kesinlikle kurnaz ikiz kardeşine hiç benzemiyordu, Yakup ile karşılaştırıldığında hep o üstün gelirdi.

Peki, Yakup nasıl biriydi? Üçkâğıtçı, kararlı, ilkesiz. Pazarlıkta asla kaybetmezdi. Bu, kimsenin sevmediği bir özelliktir. O bir kase çorba karşılığında ilk doğan hakkını Esav'dan aldı. Abisi açken, paha biçilmez ilk doğan hakkını bir kase çorba karşılığında satması için onu ikna etti. Pazarlık kavramının tarihteki doruk noktası budur! İlk oğulluk kutsamasına sahip olmak için babasını aldattı, dayısı ve kayın pederi olan Lavan'ın sırtından geçinerek büyük servet elde etti. Kimse Yakup'u "iyi biri" ya da "hoş bir insan" olarak nitelendiremez. Günümüzün standartlarına göre de birçok kişi Esav'ı tercih eder. Ama Tanrı etmedi.

Neden Tanrı Yakup'u tercih etti? Size bu sorunun cevabını oluşturduğunu düşündüğüm, temel bir sebebi sunacağım. Yakup Tanrı'nın verdikleri için minnettardı, oysa Esav umursamazdı.

İbraniler 12:15-17'i okuduğumuzda Tanrı'nın umursamazlık konusundaki tavrını tahmin edebiliriz. O'nun bu konudaki bakış açısı birçok Hristiyan'dan çok daha farklıdır. İbraniler kitabının yazarı Esav'ın bu davranışını yorumlarken şöyle der:

Dikkat edin, kimse Tanrı'nın lütfundan yoksun kalmasın. İçinizde sizi rahatsız edecek ve birçoklarını zehirleyecek acı bir kök filizlenmesin.

Kimse fuhuş yapmasın ya da ilk oğulluk hakkını bir yemeğe karşılık satan Esav gibi kutsal değerlere saygısızlık etmesin.

Biliyorsunuz, Esav daha sonra kutsanma hakkını miras almak istediyse de geri çevrildi. Kutsanmak için gözyaşı döküp yalvarmasına karşın, vermiş olduğu kararın sonucunu değiştiremedi.
(İbraniler 12:15-17)

Esav'ın nasıl tanımlandığına bakın. "Tanrısız" olarak adlandırılırken cinsel ahlaksızlık yapanlar ile aynı seviyede değerlendirilir. Ayrıca o tek bir öğün, bir kase çorba için mirasını sattığı için de tanrısız olarak nitelendirilir. Yaratılış 25:34: "Esav ilk oğulluk hakkını *küçümsemiş* oldu." Tanrı'nın standartlarına göre Tanrı'nın sunduklarına karşı umursamaz tavır sergileyenlerin "tanrısız" olarak nitelendirildiğinin farkına varmalıyız ve Tanrı bu tavırdan nefret eder.

Şimdi diğer tarafa bakalım, yani Yakup'un Tanrı'nın ona sunduklarına karşı tavrına. Sadece kilit bir olayı ele alacağım. Yakup topraklarına dönerken gece Tanrı'dan gelen bir melek veya bir haberci ile karşılaştı. Hatırlayacağınız gibi Yakup bu kişi ile tüm gece güreşti. Yakup'u Yakup yapan özellik budur çünkü o bir güreşçidir; o zirvede olmak için hep savaşmıştır.

Yakup'u yenemeyeceğini anlayınca, onun uyluk kemiğinin başına çarptı. Öyle ki, güreşirken Yakup'un uyluk kemiği çıktı.

Adam, "Bırak beni, gün ağarıyor" dedi. Yakup, "Beni kutsamadıkça seni bırakmam" diye yanıtladı.

Adam, "Adın ne?" diye sordu. "Yakup."

Adam, "Artık sana Yakup değil, İsrail denecek" dedi, "Çünkü Tanrı'yla, insanlarla güreşip yendin."

(Yaratılış 32:24-28)

"İsrail" kelimesinin anlamı burada "Tanrı ile güreşen" olarak tercüme edilir. Ne kadar özgün! Yakup mücadeleciydi, o bir güreşçiydi. O meleğe "Beni kutsamadan seni bırakmayacağım" (26. ayet) dedi. Tanrı'nın Yakup'a iltimas geçmesinin anahtar sebebinin bu olduğunu düşünüyorum. Tanrı, Yakup'un karakterindeki kusurları göz ardı etmedi; Tanrı, asla olumsuz karakter özelliklerine göz yummaz. Ancak, Yakup Tanrı'nın sağlayışına eksiksiz olarak sahip olmak isteyip daha azıyla yetinmediği için, Tanrı Yakup'u adım adım eğiterek ondan olmasını istediği adamı yaratabilecekti. Bunun koşulu ve başlangıç noktası, Yakup'un

Tanrı'nın mükemmel sağlayışından daha azına razı olmamasıydı.

Şimdi size sormak istiyorum: Tanrı'nın sağlayışını eksiksiz almaktan daha azına razı olmama kararını siz de verecek misiniz?

4

İsa, Odağımız

*T*anrı'nın sağlayışını eksiksiz almak için... cümlesini tamamlamanın ikinci bir yolu daha vardır; o da *İsa'ya odaklanmaktır.* İbraniler on ikinci bölümde şöyle der:

İşte çevremizi bu denli büyük bir tanıklar bulutu sardığına göre, biz de her yükü ve bizi kolayca kuşatan günahı üzerimizden sıyırıp atalım ve önümüze konan yarışı sabırla koşalım.

Gözümüzü imanımızın öncüsü ve tamamlayıcısı İsa'ya dikelim. O kendisini bekleyen sevinç uğruna utancı hiçe sayıp çarmıhta ölüme katlandı ve Tanrı'nın tahtının sağında oturdu.

(İbraniler 12:1-2)

Bu ayette yazar birçok makul adım sunar. İlk olarak, çevremizi büyük bir tanıklar bulutunun sardığını vurgular. Burada bir önceki bölümü (11. bölüm) referans göstererek Eski Ahit'teki –Tanrı'nın

mükemmeline erişmiş-büyük azizlerden bahset-
mektedir. Yazar çevremizde daha önce bunu ha-
yatlarında başarmış ve Tanrı'nın sağladığı en mü-
kemmele sahip olmanın mümkün olduğunu kanıt-
lamış, büyük bir tanıklar bulutu olduğunu söyler.
Başlangıç noktası budur.

İkinci olarak, Tanrı'dan mükemmel sağlayışını is-
tiyorsak, bunun bir yarışı koşmayı da kapsadığını
söyler. Yarışı başarıyla koşabilmek için bizi en-
gelleyen her şeyi bir kenara atmalıyız. Bir koşucu,
giysisinde veya kendi üzerinde onu yavaşlatacak
bir gram bile taşımaz. Bizim durumumuzda ise bu
engel günahtır, bizi tökezletecek hiç bir engelimiz
olmadığına emin olmalıyız.

Üçüncü olarak ise azimle, gayretle koşmalıyız.
Daha önce ekinci meselindeki iyi toprak benzet-
mesinde vurguladığım gibi bunun üç şartı vardı:
Tanrı'nın Sözü'nü duymak, Söz'ü kabul etmek ve
son olarak da sabırla dayanarak ürün vermek.

Başarı için bu temelleri oluşturmak için İbraniler
kitabının yazarı can alıcı bir noktayı vurgular:
"Gözümüzü imanımızın öncüsü ve tamamlayıcısı
İsa'ya dikelim" (İbraniler 12:2). Bu başarının
anahtarıdır: İsa'ya odaklanın; gözünüzü O'ndan

ayırmayın. Yazar İsa'nın imanımızın öncüsü ve tamamlayıcısı olduğunu vurgulamaktadır.

İki basit kelime kullanacağım: O imanımızı başlatan ve tamamlayandır. Sanırım hepimiz imanımızı başlatanın İsa olduğunu biliyoruz ancak bazen İsa'nın imanımızın tamamlayıcısı olduğunu unutuyoruz. İmanımızın tamamlanmasını istiyorsak, İsa'ya odaklanmalıyız. Sadece başlangıçta İsa'ya odaklanmak, sonra dikkatimizin dağılmasına izin vererek başka bir yere bakmak yeterli değildir. Bu şekilde yaparsak, imanımız hiç bir zaman tamamlanamayacaktır.

Bu bağlamda, İsa'ya odaklanmayı sürdürmemizin gerekliliğini vurgulayan dört yalın gerçeğe değinmek istiyorum.

İsa, Rabbimiz

İsa Rabbimiz'dir. İsa'nın Rab olduğunu ikrar ederek kurtuluşa sahip olabiliriz. Eğer O Rabbimiz ise, o zaman başlıca amacımız O'nu memnun etmektir, O'na Rabbimiz demek bu anlama gelir. Yaptığımız herşeyin O'nu memnun edip etmediğinden emin olmak için gözlerimizi İsa'dan ayırmamalıyız. O'na bakarken hoşnut olmadığına dair bir işaret görürsek, yaptığımız şeyden vazgeçmek için bu yeterli bir nedendir. Ancak bu işareti gözlerimizi O'na odaklamadığımız sürece göremeyiz.

İsa, Standardımız

İsa, doğruluğumuzun tek standardıdır. Bu gerçek, Pavlus'un Atinalılara hitabında şöyle ortaya konur:

Çünkü dünyayı, atadığı Kişi aracılığıyla adaletle yargılayacağı günü saptamıştır. Bu Kişi'yi ölümden diriltmekle bunun güvencesini herkese vermiştir.

(Elçilerin İşleri 17:31)

Tanrı'nın Yargıcı olarak dünyayı yargılayacak olan, O'nun ölümden dirilttiği kişidir, İsa Mesih. Tanrı bu Kişi ile dünyayı adaletle yargılayacaktır.

Bundan iki sonuç çıkarabiliriz: İsa Yargıçtır ve bizim doğruluğumuzun standardıdır. Biz İsa'nın standartlarına göre yargılanacağız. Tanrı'nın doğruluk konusunda tek bir standardı olduğunu anlamak önemlidir. Eğer Tanrı açısından doğruluğun ne olduğunu bilmek istiyorsak, her zaman bakmamız gereken tek yer İsa olmalıdır. Hristiyanlar'a bakabiliriz ancak onlar İsa'nın yapmayacağı şeyleri yapıyor olabilirler. Biz onları doğruluk standardımız olarak belirleyemeyiz, çünkü onlar

Tanrı'nın standardını yansıtamazlar. Tanrı'nın doğruluk standardını keşfetmek için, gözlerimizi İsa'ya odaklamalıyız.

İsa, Örneğimiz

Petrus'un 1. mektubuna baktığımızda İsa'nın modelimiz veya örneğimiz olduğunu görürüz:

Nitekim bunun için çağrıldınız. Mesih, izinden gidesiniz diye uğrunuza acı çekerek size örnek oldu.
(1. Petrus 2:21)

İsa örneğimizdir çünkü öncümüz olmuştur. Doğru yoldan gitmek için O'nun bıraktığı ayak izlerini takip etmeli ve O'nun ayak izlerinin olduğu yerlere ayaklarımızı yerleştirerek ilerlemeliyiz. Tüm bunlar tek bir şekilde yapılabilir: Gözlerimizi İsa'dan ayırmadan O'na odaklanarak.

İsa, Müjde'nin Kalbi

İsa'ya odaklanmanın neden gerekli olduğunu belirten bir sebep daha sunmak istiyorum. Bu sade, pratik ve ama çok önemli bir gerçektir. İsa'nın bizim için yaptığı şey tüm Müjde'nin merkezidir. Pavlus buna 1. Korintliler kitabında açık bir şekilde değinmiştir. Dikkat edin, Tanrı hakkındaki şeylerin bir önem sırası vardır, ancak Pavlus'un burada yazdıkları "öncelikli"dir. Kullandığı üç ifadenin hepsi İsa ile ilgilidir.

Aldığım bilgiyi size öncelikle ilettim: Kutsal Yazılar uyarınca Mesih günahlarımıza karşılık öldü, gömüldü ve Kutsal Yazılar uyarınca üçüncü gün ölümden dirildi.

(1. Korintliler 15:3-4)

Bu Müjde'dir. Bunlar birinci derecede önemli gerçeklerdir. İsa'nın merkezde olduğu bu üç olay ile karşılaştırıldığında İncil'deki her şeyin önemi ikinci derecededir: O öldü, gömüldü ve üçüncü gün ölümden dirildi. İsa hakkındaki bu üç gerçekten daha önemli hiçbir şey olamaz. İsa'nın merkezinde olduğu bu üç temel gerçekten uzaklaşmamak için dikkatli olmalıyız.

Pavlus hayatının sonlarına doğru hapishanede Timoteos'a yazdığı ikinci mektupta O'nu uyarır:

Yaydığım Müjde'de açıklandığı gibi, Davut'un soyundan olup ölümden dirilmiş olan İsa Mesih'i anımsa.

Bu Müjde uğruna bir suçlu gibi zincire vurulmaya kadar varan sıkıntılara katlanıyorum. Ama Tanrı'nın sözü zincire vurulmuş değildir.

(2. Timoteos 2:8-9)

Bu anahtar sözleri dikkate alın: "Ölümden dirilmiş olan İsa Mesih'i anımsa... Yaydığım Müjde budur." Ne kadar basit! 1. Korintliler 15'de dediği gibi İncil'in tüm mesajı İsa'nın üzerinde yoğunlaşır: O'nun ölümü, gömülmesi ve O'nun zaferli dirilişi.

Pavlus Timoteos'a da bu merkez noktalardan uzaklaşmamasını ve gözlerini İsa'ya odaklamasını söylemektedir.

Hristiyanlar'ın çokbilmiş veya çok ruhsal olmasında büyük tehlike vardır. Birçok Hristiyan aşırı ruhsallaşarak kaybolur. Bazen insanlar ben vaaz ettikten sonra "Prince kardeş, bu çok derin bir mesajdı" derler. Bunu duyunca "Yanlış bir şey mi yaptım?" diye düşünmeye başlarım. Bir anlamda çok derine inmek istemem. Hiç bir zaman insanların İsa'ya ve İncil'in merkezindeki gerçeklere bakış açılarını kaybedecekleri derinliğe inmek istemem: O'nun ölümü, gömülmesi ve dirilişi.

Pavlus'un Timotheos'a söyledikleri ile sizi yüreklendirmek istiyorum: *"Yaydığım Müjde'de açıklandığı gibi, Davut'un soyundan olup ölümden dirilmiş olan İsa Mesih'i anımsa"* (2. Timoteos 2:8). Komünyon almak veya Rab'bin sofrasına katılmak, İsa'yı anımsamak için çok önemli ve pratik bir yoldur. İsa, her komünyon aldığınızda beni anmak için böyle yapın (1. Korintliler 11:25) demiştir. Bu, gözlerinizi İsa'ya odaklamak ve İsa'yı hatırlamak için basit, Kutsal Kitap'a uygun, işlevsel bir yoldur. Unutmayın, O *"Her* komünyon aldığınızda" dedi, ara sıra demedi. İsa bizden gözlerimizi sürekli olarak O'na odaklamamızı ister.

5

Tanrı Sözü Üzerinde Derin Düşünmek

Tanrı'nın sağlayışını eksiksiz almak için yapmanız gereken üçüncü önemli şey, Tanrı'nın Sözü üzerinde derin düşünmek olmalıdır. Zihninizi Tanrı Sözü ile doldurun. İsrail halkını vaat edilen topraklara sokmadan hemen önce, Yeşu örneğine ve Rab'bin ona verdiği buyruklara bir göz atalım:

Yasa Kitabı'nda yazılanları dilinden düşürme. Tümünü özenle yerine getirmek için gece gündüz onu düşün. O zaman başarılı olacak ve amacına ulaşacaksın.

(Yeşu 1:8)

Son kısma bakın: "O zaman başarılı olacak ve amacına ulaşacaksın." Bu cümle "Tanrı'nın sağlayışına eksiksiz ulaşacaksın" demek ile eşdeğerdir. Peki, bunun koşulları nedir? Üç koşulu vardır ve hepsi de Tanrı'nın Sözü'yle ile ilgilidir.

1. "Dilinden düşürme" sözü.

2. "Gece gündüz onu düşün", yani devamlı.
3. "Tümünü özenle yerine getir."

Ben bazen bunu üç basit ifadeyle özetlerim. Tanrı'nın sağlayışına eksiksiz olarak sahip olmak istiyorsanız, eğer başarılı olup amacınıza ulaşmak istiyorsanız, yapmanız gereken üç şey şunlardır: Tanrı'nın Sözü üzerine *düşünün*, Tanrı Sözü'nü *ikrar edin*, ve Tanrı'nın Sözü'nü *uygulayın*. Düşünmeyi ilk madde olarak belirledim, çünkü düşünmezseniz konuşamazsınız. Eğer düşünmez ve konuşmazsanız da uygulayamazsınız. Bu üçünü yaptığınızda ise başarı gelecektir, yani Tanrı'nın mükemmel sağlayışı.

Şöyle diyebilirsiniz: "Ama o Yeşu'ydu. Benim için de işe yaracağını nereden bilebilirim?" Birinci Mezmur'da da şartları yerine getiren herkes için geçerli olan, benzer buyruklar içeren benzer bir vaat bulunur. Bu her şey dahil bir paket program gibidir. Kişinin kim olduğu hiç önemli değildir; tek önemli olan şey, kişinin şartları yerine getirmesidir.

Ne mutlu o insana ki,
Kötülerin öğüdüyle yürümez,
Günahkârların yolunda durmaz,
Alaycıların arasında oturmaz.

Ancak zevkini RAB'bin Yasası'ndan alır
Ve gece gündüz onun üzerinde derin derin düşü-
nür.
Böylesi akarsu kıyılarına dikilmiş ağaca benzer,
Meyvesini mevsiminde verir,
Yaprağı hiç solmaz. Yaptığı her işi başarır.

(Mezmurlar 1:1-3)

Kapanış cümlesine dikkat edin: "Yaptığı her işi başarır." Bu, Tanrı'nın sağlayışına eksiksiz ulaşmaktır; gerçek başarı budur. Koşulları yerine getiren herkes için geçerlidir. Koşullar beş aşamalıdır. İlk üçü olumsuzdur, başka bir deyişle yapmamamız gerekenlerdir:

1. Kötülerin öğüdüyle yürümemeliyiz.
2. Günahkârların yolunda durmamalıyız.
3. Alaycıların arasında oturmamalıyız.

Kilit nokta kimin öğüdüyle yürüdüğümüzdür. Eğer yanlış kaynaklardan danışmanlık alıyorsanız, o zaman hayatınız da yanlış yollara girecektir. Bu üç olumsuz koşulun ardından iki olumlu koşul gelir:

1. Zevkini RAB'bin Yasası'ndan almalısın.

2. Gece gündüz Tanrı'nın Yasası üzerinde derin derin düşünmelisin.

İki olumlu koşulun da Rab'bin yasasına odaklandığına dikkat edin, yani Tanrı'nın Sözü'ne. İlk olarak, Tanrı'nın Yasası'ndan zevk almalıyız. İkinci olarak ise, O'nun üzerinde gece gündüz düşünmeliyiz. Doğru şekilde düşünmenin başarının anahtarı olduğuna dikkatinizi çekmek istiyorum: Gece gündüz Tanrı'nın Yasası üzerinde derin derin düşünmek.

Bu on dakika Kutsal Kitap okumak değildir, ancak zihninizi gün boyunca düşüncelerinizi meşgul edecek şekilde Kutsal Kitap ile doldurmaktır. Bu şekilde olumlu, iman artıran, yapıcı sözler ile beslenebiliriz. Düşünme şekliniz yaşam tarzınızı belirleyeceği için doğru düşünceler önemlidir.

İnsan kişiliğinin bir buz dağına benzediğini hep söylerim: Sekizde yedisi suyun altındadır. Suyun altında olan kısmına oranla çok küçük bir kısmı suyun üstünde gözükür. Bu durum insanın kişiliği için de geçerlidir.

İnsanın düşündüğü şeyler kendi yaşamının seyrini belirler. Doğru şeyler hakkında düşünürseniz ve doğru şekilde yaşarsanız Tanrı'nın vaadine erişirsiniz: Tanrı'nın sağladığı mükemmel başarı ve refaha.

Düşünce tarzımızın hayatlarımızı etkilediği konusunu pekiştirmek amacıyla Yeşaya peygamberin yazdığına bir göz atalım. Bu bölümde Tanrı konuşuyor:

Çünkü benim düşüncelerim
Sizin düşünceleriniz değil,
Sizin yollarınız benim yollarım değil diyor RAB.
Çünkü gökler nasıl yeryüzünden yüksekse,
Yollarım da sizin yollarınızdan,
Düşüncelerim düşüncelerinizden yüksektir.
Gökten inen yağmur ve kar,
Toprağı sulamadan, yeri yeşertmeden,
Ekinciye tohum, yiyene ekmek vermeden
Nasıl göğe dönmezse,
Ağzımdan çıkan söz de öyle olacaktır.

(Yeşaya 55:8-11)

Tanrı'nın düşüncelerden bahsederek başladığına dikkatinizi çekmek isterim ve ayrıca doğası gereği bizim düşüncelerimizin O'nun düşünceleri olmadığını söylüyor. Peki, biz nasıl Tanrı'nın düşündüğü gibi düşünmeye başlayabiliriz? Tanrı bu soruya bir sonraki ayette cevap verir. Tanrı'nın yolları ve Tanrı'nın düşünceleri göksel düzeyde ve bizim düşüncelerimiz Tanrı'nınkinden çok daha aşağıda, yersel düzeydedir. Ancak Tanrı'nın

Söz'ü Kendi yollarını ve düşüncelerini ihtiyacımız olan ürünü vererek göklerden bizim hayatlarımıza ve yüreklerimize indirir.

Tanrı aynı bölümde Kendi Sözü'ne ilişkin şöyle devam eder:

Bana boş dönmeyecek,
İstemimi yerine getirecek,
Yapması için onu gönderdiğim işi başaracaktır.

Sevinçle çıkacak,
Esenlikle geri götürüleceksiniz.
Dağlar, tepeler önünüzde sevinçle çığıracak,
Kırdaki bütün ağaçlar alkış tutacak.

Dikenli çalı yerine çam,
Isırgan yerine mersin ağacı bitecek.
Bunlar bana ün getirecek,
Yok olmayan sonsuz bir belirti olacak.

(Yeşaya 55:11-13)

Göklerden inen Tanrı Sözü yüreklerimize girer, zihinlerimizi doldurur ve bize ait olan yolları ve düşünceleri Tanrı'nın yolları ve düşünceleri ile değiştirir. Tanrı'nın Sözü O'nun yollarını ve düşüncelerini yüreklerimize ve hayatlarımıza indirir. Zihinlerimiz Tanrı Sözü ile doldukça, Tanrı'nın düşüncelerini düşünmeye başlarız. Düşünce hayatımız tümüyle değişir.

Sonuç burada çok güzel bir dille ifade edilir: Esenlik (esenlikle geri götürüleceksiniz); sevinç (sevinçle çıkacaksınız); övgü (dağlar, tepeler önünüzde sevinçle çığıracak, kırdaki bütün ağaçlar alkış tutacak); ve bereket (dikenli çalı yerine çam, ısırgan yerine mersin ağacı bitecek). Tanrı'nın Sözü hayatlarımıza girdiğinde ve bunu kabul edip, üzerinde derin derin düşündüğümüzde bunlar gerçekleşecektir. Kendi yollarımız ve düşüncelerimiz dikenli çalı ve ısırgan gibidir, bu bitkiler verimsiz ve yararsızdır. Ancak bunlar Tanrı'nın Sözü ile yer değiştirdiğinde bizdeki ürünü dikenli çalı ve ısırgan yerine çam ve mersin ağaçları olacaktır.

Başarıya ulaşmanın anahtarı olarak kendi yollarınız ve düşüncelerinizin yerine Tanrı'nın yolları ve düşüncelerini yerleştirmenizi öneririm. Ayrıca gece ve gündüz Tanrı Söz'ü üzerine derin derin düşünme alışkanlığını geliştirmeye gayret edin. Tanrı'nın Sözü üzerine derin düşünmek Tanrı'nın Sözü'nü yüreğinize ve zihninize almanızı sağlayarak O'nun gibi düşünmeyi size öğretecektir.

6

Kutsal Ruh'la Dostluk

Tanrı'nın sağlayışını eksiksiz olarak almak istiyorsanız, dördüncü olarak yapmanız gereken şey Kutsal Ruh'la dostluk kurmaktır. Kutsal Ruh'un kişiliğini ortaya koyan bu ifadeyi kasıtlı olarak kullandım. Birçok Hristiyan için Kutsal Ruh sadece teolojik soyut bir terimdir. Baba Tanrı'nın bir şahıs olduğunu, İsa Mesih'in de bir şahıs olduğunu kabul ederler ancak Kutsal Ruh'un bir şahıs olduğu kavramından yoksundurlar. Ancak Kutsal Kitap ve ilahiyat bilimi açısından gerçek budur. Kutsal Ruh da Baba ve Oğul kadar bir bireydir.

O, güvercine de benzetilir. Bir güvercinin en önemli özelliklerinden biri ürkekliğidir ve eğer doğru şekilde davranmazsanız uçar gider. Aynı şey Kutsal Ruh için de geçerlidir. Bir bağlamda O da ürkektir. O'na doğru şekilde karşılık vermezsek geri çekilir.

Aşağıdaki ayetlerde İsa havarilerine Kutsal Ruh'tan bir şahıs olarak bahsederek hayatlarımızda yapacağı şeyler hakkında açıklama verir:

Size daha çok söyleyeceklerim var, ama şimdi bunlara dayanamazsınız.

Ne var ki O, yani Gerçeğin Ruhu gelince, sizi tüm gerçeğe yöneltecek. Çünkü kendiliğinden konuşmayacak, yalnız duyduklarını söyleyecek ve gelecekte olacakları size bildirecek.

O beni yüceltecek. Çünkü benim olandan alıp size bildirecek.

Baba'nın nesi varsa benimdir. 'Benim olandan alıp size bildirecek' dememin nedeni budur.
(Yuhanna 16:12-15)

İlk olarak, İsa insan dilinin anlatabileceği ölçüde Kutsal Ruh'un bir şahıs olduğunu anlatmaya çalışırken ve şöyle der: "Ne var ki O, yani Gerçeğin Ruhu gelince." Bu cümlenin Grekçe orjinalinde üç ayrı cins birden bulunur: Eril, dişil ve nötr. Nötr, insan haricindeki canlı ve cansız varlıkları kapsar. Grekçede "ruh", *pneuma,* nötr bir kelimedir. Diğer bir deyişle "ruh" kelimesinden önce insan haricindeki canlı ve cansızlar için kullanılan bir iyelik zamiri kullanılması gerekir. Ancak bir şahıs ile karşı karşıya olduğumuzu vurgulamak için İsa burada dil bilgisi kurallarını çiğner ve *"O, yani Gerçeğin Ruh'u"* diyerek üçüncü tekil şahıs için kullanılan iyelik zamirini kullanır.

Daha sonra İsa Kutsal Ruh'un yapacağı çeşitli şeylerden bahseder. O, göklerde duyduğu son haberleri bize bildirecek; gelecekte olacakları bize gösterecek.

Daha sonra İsa şu şekilde devam eder: *"O beni yüceltecek. Çünkü benim olandan alıp size bildirecek. Baba'nın nesi varsa benimdir"* (Yuhanna 16:14-15). Bu çok önemlidir. Baba'ya ait olan herşey Oğul'a da aittir ve Oğul'un sahip olduğu herşeyi Ruh yönetir. Toparlarsak, Kutsal Ruh Tanrı'nın tüm zenginliğinin yöneticisidir. Baba ve Oğul Tanrı'nın zenginliği ortaktır. Ama Baba ve Oğul Tanrı'nın sahip olduğu zenginliği bize ulaşılabilir kılan Kutsal Ruh'tur. Bu nedenle, siz Tanrı'nın doktrinel ve yasal olarak çocuğu olabilirsiniz ama Kutsal Ruh'la doğrudan iletişiminiz yoksa, hala fakir ve yetersiz bir hayat yaşayabilirsiniz çünkü Kutsal Ruh Tanrı'nın tüm zenginliğinin yöneticisidir.

Yine Yuhanna kitabında İsa havarilerine şöyle der:

Beni seviyorsanız, buyruklarımı yerine getirirsiniz.

Ben de Baba'dan dileyeceğim. O sonsuza dek sizinle birlikte olsun diye size başka bir Yardımcı, Gerçeğin Ruhu'nu verecek. Dünya O'nu kabul edemez. Çünkü O'nu ne görür, ne de tanır. Siz O'nu tanıyorsunuz. Çünkü O aranızda yaşıyor ve içinizde olacaktır.

Sizi öksüz bırakmayacağım, size geri döneceğim.

(Yuhanna 14:15-18)

İki önemli noktaya dikkat edin: İlki, İsa Kutsal Ruh'la bize gelir; ikincisi, Kutsal Ruh ile doğru şekilde iletişim kurmazsak, gerçekten Tanrı'nın çocukları olmamıza rağmen öksüzlerden farkımız kalmaz. Gördüğünüz gibi, sadece Kutsal Ruh Tanrı'nın gerçek çocukları olarak yaşamamızı mümkün kılar. Bu durum Romalılar 8:14'de Pavlus tarafından açıkça belirtilir: *"Tanrı'nın Ruhu'yla yönetilenlerin* (bir kez değil sürekli olarak Kutsal Ruh tarafından yönetilenlerin) *hepsi Tanrı'nın oğullarıdır."*

Burada kullanılan "oğul" kelimesi olgunluğu belirtir, bebekler veya küçük çocuklar değil, Tanrı'nın olgun evlatları. Kutsal Ruh ile yeniden doğduğumuzda bebeklerizdir ancak Tanrı'nın olgun oğulları olmak için Kutsal Ruh ile daha ileri ve sürekli bir ilişki içinde olmalıyız. Sürekli Kutsal Ruh tarafından yönlendirilmeliyiz ve Pavlus bunu çok net bir şekilde belirtiyor, "Tanrı'nın Ruhu'yla yönetilenlerin (sürekli) hepsi Tanrı'nın (olgun) oğullarıdır." Bu nedenle, Tanrı'nın evlatları olmak için Kutsal Ruh'tan tekrar doğmalıyız; ama Tanrı'nın yetişkin evlatları olmak için her gün ve sürekli Kutsal Ruh ile yönlendirilen bir ilişki içinde olmalıyız.

Günümüzde kiliseye baktığımda, gerçekten Tanrı'dan doğmuş ancak sürekli olarak Tanrı tarafından yönlendirilmeyen birçok Hristiyan görüyorum. Yeniden doğuştan haberdarlar ancak yalnızca Kutsal Ruh'la sürekli bir ilişki içinde olarak Tanrı'nın olgun oğulları olabileceklerini bilmiyorlar. Yani, Tanrı'nın sağlayışını eksiksiz olarak almak istiyorsanız Kutsal Ruh ile kişisel bir ilişki geliştirmelisiniz. O sizin kişisel rehberiniz, Tanrı krallığının tüm zenginliklerinin yöneticisidir ve sadece O, bu zenginliklerden size pay verebilir.

Kutsal Ruh ile ilişkimizde önemli bir nokta daha vardır. Kutsal Ruh'a karşı saygılı ve hassas olmalıyız. Pavlus Efeslilere Mektubunda bunu şöyle dile getirir:

Tanrı'nın Kutsal Ruhu'nu kederlendirmeyin. Kurtuluş günü için o Ruh'la mühürlendiniz.

Her kötü niyetle birlikte her türlü kin, öfke, kızgınlık, bağrışma ve iftira sizden uzak olsun.

(Efesliler 4:30-31)

Kutsal Ruh'u kolayca korkup kaçabilen ürkek bir güvercine benzettiğimizi hatırlayın. Yani Pavlus, "Tanrı'nın Kutsal Ruhu'nu kederlendirmeyin" derken "Güvercini korkutup kaçırmayın" demek ister. Daha sonra ise güvercini korkutan şeyleri sıralar: Her kötü niyetle birlikte her türlü kin, öfke, kızgınlık, bağrışma ve iftira. Bu güzel, hassas güvercini korkutup kaçırmamak için çok duyarlı olmalıyız, çünkü sadece O paydaş olduğumuz mirasa bizi ulaştırabilir ve her gün Tanrı'nın olgun oğulları olarak yaşayabilmemizi mümkün kılar.

7

İşitmek ve İtaat Etmek

Şimdi sırada, "Tanrı'nın sağlayışını eksiksiz olarak almak istiyorsanız…" cümlesini tamamlamanın beşinci yolu var. *Tanrı'nın sesini işitmeyi* ve *itaat etmeyi* öğrenmelisiniz.

Bu kendiliğinden olmaz. Bir anlamda, eski Adem'in doğası Tanrı'nın sesine sağırdır. Eski ölümlü doğa için Tanrı'nın sesini duymak doğal değildir. Günümüzde dünyamız bizim dikkatimizi dağıtan sayısız yüksek sesler ile doludur. Ancak tüm bu seslerin arasında bizim sağlıklı kalmamızı sağlayan sonsuz bilgelik ve yetkiye sahip Tanrı'nın fısıltısı mevcuttur.

Tanrı'nın sesini duyma yeteneğinizi geliştirmek için çok yardımcı olabilecek Kutsal Kitap ayetleri önermek istiyorum. Tanrı ile ilişkimizin ve O'nunla yürüyüşümüzün başarısı O'nun sesini duymamıza bağlıdır.

Size bazı somut örnekler vereceğim. İlki, Tanrı'dan gelen şifa ve sağlık konusunda olacak. Kutsal Kitap ayetleri şifanın ve sağlığın, Tanrı'nın sesini duyma yeteneği ile bağlantılı olduğunu şüphe götürmez şekilde gösterir. Bunu Musa'nın İsrail halkına seslendiği Çıkış 15:26'da açıkça görürüz:

Ben, Tanrınız RAB'bin sözünü dikkatle dinler, gözümde doğru olanı yapar, buyruklarıma kulak verir, bütün kurallarıma uyarsanız, Mısırlılar'a verdiğim hastalıkların hiçbirini size vermeyeceğim dedi, "Çünkü size şifa veren RAB benim."

(Mısır'dan Çıkış 15:26)

İbranice metinde şöyle der: "Eğer duyuyorsanız, Rabbiniz olan Tanrı'yı duyarsınız." Bu bir İbrani deyimidir, bu lisanda vurgulamalar çok güçlüdür. Bu cümle en büyük özeni göstererek Rabbiniz olan Tanrı'nın sesini dinlememiz gerektiği anlamını taşır. O zaman Tanrı sizin kişisel doktorunuz olmayı teklif eder. Ancak bunun gerçekleşmesi için Tanrı'yı gayretle dinlemeniz gerekir.

Yasa'nın Tekrarı 28'de Musa, Tanrı'nın tüm bereketlerine sahip olmanın anahtarının O'nu duymak ve O'na itaat etmek olduğunu ortaya koyar:

Eğer Tanrınız RAB'bin sözünü iyice dinler ve bugün size ilettiğim bütün buyruklarına uyarsanız, Tanrınız RAB sizi yeryüzündeki bütün uluslardan üstün kılacaktır.

Tanrınız RAB'bin sözünü dinlerseniz, şu bereketler üzerinize gelecek ve sizinle olacak...

(Yasa'nın Tekrarı 28:1-2)

Dikkatinizi çekerim, Musa iki kez Tanrı'nın sesini işitmek ve itaat etmenin, kapıları açan anahtar olduğunu söylüyor. O, eğer bunu yaparsanız "şu bereketler üzerinize gelecek ve sizinle olacak" der. Bereketlerin peşine düşmenize gerek yoktur; eğer siz Tanrı'nın sesini işitmekte gayretli olursanız bereketler sizin peşinize düşecektir. Öte yandan, biraz ilerleyip 15. ayete baktığımızda Rabbimiz olan Tanrı'nın sesini duymazsak tam tersi olacağı konusunda, bereket yerine lanet alacağımız konusunda bizi uyarır.

Ama Tanrınız RAB'bin sözünü dinlemez, bugün size ilettiğim buyrukların, kuralların hepsine uymazsanız, şu lanetler üzerinize gelecek ve size ulaşacak...

(Yasa'nın Tekrarı 28:15)

Demek ki, Tanrı'nın sesini duymaktaki ve itaat etmekteki başarısızlığımız bize lanet getirir; duymak ve itaat etmek ise bereket. Bereket ve lanet arasındaki dönüm noktası budur. Rab'bin sesini işitip, itaat edebilir veya O'nun sesini işitmekte ve itaat etmekte başarısız olabiliriz.

Yeremya 7'de, Rab O'nun halkı olmanın kilit noktasını gözler önüne serer ve İsrailliler'e şöyle seslenir:

Çünkü atalarınızı Mısır'dan çıkardığımda, yakmalık sunularla kurbanlar hakkında onlara seslenip buyruk vermedim.

Onlara şunu buyurdum: Sözümü dinlerseniz, ben sizin Tanrınız, siz de benim halkım olursunuz. İyilik bulmanız için her konuda size buyurduğum yolda yürüyün.

(Yeremya 7:22-23)

Tanrı bu ayette tapınakla ilgili ayinlerin, ruhban sınıfının yasa ve kurallarının ve kurban sunularının ikincil olduğunu söylemektedir. Tanrı'nın Kendi halkını Mısır'dan çıkarırken onlardan ilk talebi kurban, sunu veya bir dizi yasal istek değildi. Tanrı sadece O'nu işitmelerini ve itaat etmelerini istedi. Bir anlamda şunu demek istiyor: Eğer

Tanrı'nın sesini işiterek kurbanlar, sunular sunarlarsa bu iyidir, ancak O'nun sesini işitmeksizin bunu yaparlarsa bu yaptıkları onları Tanrı'nın halkı kılmayacaktı. Sadece Tanrı'yı işitir ve O'na itaat ederlerse Tanrı'nın halkı olabileceklerdi.

Tanrı'nın halkı olma hakkındaki en kesin Kutsal Kitap ayeti budur: *"Sözümü dinlerseniz, ben sizin Tanrınız, siz de benim halkım olursunuz"* (Yeremya 7:23).

Yeni Antlaşma'da da bu durum değişmez, İsa Mesih'e ait olmanın şartı da aynıdır. İsa Mesih bunu Yuhanna 10:27'de belirtir: *"Koyunlarım sesimi işitir. Ben onları tanırım, onlar da beni izler."*

"Benim koyunlarım" kimdir? Onlar İsa'nın halkıdır. Bu kişilerin Katolik, Protestan, Baptist, Metodist veya diğer mezheplerden olması şart değildir. İsa'nın halkı O'nun sesini işiten ve O'nu takip edenlerdir. Eğer O'nun sesini işitmiyorsanız, O'nu takip de edemezsiniz. Bu şart Tanrı'nın gerçek halkının bir işaretidir: onlar Tanrı'nın sesini işitir.

İtaat Etmeyi Hızlandırmak

Tanrı'nın sesini duymak konusunda iki önemli uyarıda bulunmak istiyorum. İlk olarak, hızlı şekilde itaat edin ve size *"hızlı"*nın anlamını açıklamak isterim. İbrahim Kutsal Kitap'ta tüm imanlılara örnek olarak sunulur. O Tanrı'nın sesini işitir işitmez, gecikmeksizin uygulayan biriydi. İşte size bir örnek:

Tanrı, "İshak'ı, sevdiğin biricik oğlunu al, Moriya bölgesine git" dedi, "Orada sana göstereceğim bir dağda oğlunu yakmalık sunu olarak sun."

İbrahim sabah erkenden kalktı, eşeğine palan vurdu. Yanına uşaklarından ikisini ve oğlu İshak'ı aldı. Yakmalık sunu için odun yardıktan sonra, Tanrı'nın kendisine belirttiği yere doğru yola çıktı.

(Yaratılış 22:2-3)

İbrahim'in sabah erkenden kalktığına dikkat edin. Mümkün olduğunca çabuk, Tanrı'dan duyduğu şeye itaat etmek için hazırlandı. Tanrı'ya itaat etmeyi geciktirdikçe, bunu yapmanın daha da zorlaşacağını deneyimlerime ve gözlemlerime dayanarak söyleyebilirim. Tanrı'ya itaat etmenin en kolay yolu, ilk konuştuğu anda O'na derhal itaat etmektir.

Olumsuz bir örneğe bakalım. Tanrı'nın sözüne itaat etmekte gecikenlerden biri de Lut'un eşiydi. O, Sodom'dan çıkmak istiyordu ancak yavaşlığından dolayı başarısız oldu. Dönüp geriye bakınca tuzdan bir heykele dönüştü. Luka 17:32'de yazan "Lut'un karısını hatırlayın!", İsa'nın öğretisindeki en kısa ayetlerden biridir. Diğer bir deyişle, itaat etmekte gecikmeyin yoksa çok geç olabilir, demek ister.

Akılsız Görünmeye Hazır Olun

Size ikinci uyarım başkalarının gözünde akılsız sayılmaya hazır olmanızdır. 1. Korintliler 1:25'de Pavlus şöyle der: *"Çünkü Tanrı'nın 'saçmalığı' insan bilgeliğinden daha üstün, Tanrı'nın 'zayıflığı' insan gücünden daha güçlüdür."* İnsanların düşüncelerinin bilgece olduğuna inanıyorsanız, Tanrı'nın iradesini kaçırabilirsiniz. Korintliler'e yazdığı mektupta Pavlus bu konuda çok ısrarlıdır:

Kimse kendini aldatmasın. Aranızdan biri bu çağın ölçülerine göre kendini bilge sanıyorsa, bilge olmak için "akılsız" olsun!

(1. Korintliler 3:18)

Gerçekten bilge olmak istiyorsanız, akılsız olmaya başlamalısınız. Birçok insan bu konuda tökezler ancak Kutsal Kitap'ta bu konuda birçok örnek vardır. Hayatları boyunca yağmur yüzü görmemiş insanların yaşadığı kurak topraklarda Nuh bir gemi inşa etti. Bazılarına göre bu çok ahmakçaydı, ancak Tanrı'nın bilgeliğiydi. Aram Kralı'nın ordu komutanı Naaman, hastalığından kurtulmak için cüzzamlı bedenini Şeria Irmağı'nın sularına yedi kez daldırdı. Ne saçma! Ama iyileşti. Yuhanna 9'da kör olarak doğmuş bir adamdan söz edilir. İsa onun gözlerine çamur sürdü ve gidip Şiloah havuzunda yıkanmasını söyledi. Kör birinin gözlerinde çamur ile Şiloah havuzunu arıyor olması ne saçma görünmüştür! Ama o da iyileşti.

Yıllar önce Doğu Afrika'da vaaz ederken yaşadığım bir olayı anlatayım. Her biri yedi gün süren bir dizi hizmetim vardı ve her vaazımı şöyle bitiriyordum: "Eğer biri şifa için dua istiyorsa ayağa kalksın ve sizin için dua edeceğim." Küçük bir oğlan tarafından kiliseye getirilen kör bir kadın vardı; altı gün boyunca hep ayağa kalktı, ben dua ettim ve hiçbir şey olmadı. Onun adına ben utanmıştım. Yedinci gün yine oradaydı. "Eğer iyileşmen için dua etmemi istiyorsan ayağa kalk" dedim. Gözlerimi kapadım ve dua ettim, ancak "Ne olacak bu zavallı kadına?" diye merak etmekten kendimi alamıyordum. Gözlerimi açtığımda, işte karşımdaydı ve gözlerinin açıldığını göstermek için küçük çocuğun yardımı olmadan yürüyordu! Anlıyor musunuz, öncelikle akılsız olmaya istekli olması gerekiyordu.

8

İki İşitme Testi

*T*anrı'nın sağlayışını eksiksiz olarak almak istiyorsanız... cümlesini tamamlamanın altıncı yolu *nasıl* ve *ne işittiğimize dikkat etmek*tir. Bu konu önceki bölümdeki Tanrı'nın sesini duymak ve itaat etmek konusuyla bağlantılıdır. İşitme konusuyla devam ediyoruz.

Daha önce de belirttiğim gibi, Eski Antlaşma'dan Yeni Antlaşma'ya tüm Kutsal Kitap boyunca, Tanrı'nın halkına ait olmak için temel koşul O'nun sesini işitmek ve itaat etmektir. Eski Ahit'te Tanrı İsrailliler'e şöyle der: *"Sözümü dinlerseniz, ben sizin Tanrınız, siz de benim halkım olursunuz"* (Yeremya 7:23). Yeni Ahit'te İsa şöyle demiştir *"Koyunlarım sesimi işitir. Ben onları tanırım, onlar da beni izler"* (Yuhanna 10:27). Bu koşul hiç bir istisnayla veya çağların geçmesiyle değişime uğramaz.

Şimdi Tanrı'nın sesini işitmenin neleri barındırdığını daha derin bir şekilde ele alacağız. İsa Mesih İncil'de farklı zamanlarda iki şey söyledi. O "Ne işittiğinize dikkat edin" ve daha sonra "Nasıl işittiğinize dikkat edin" dedi. Gelin bu iki ifadeyi irdeleyelim ve bize konuşması gereken şeyi anlayalım.

Ne İşittiğinize

İlk olarak: "Ne işittiğinize." Markos 4:23-25'de İsa şu şekilde başlar *"İşitecek kulağı olan işitsin!"* Bu cümle şu anlama gelir "Tanrı'nın sesini işiten kulağı olan, işitsin." Tanrı'nın sesini işitme yeteneğine sahip olarak doğmadığımızı söylemiştim. Bu, yetenek Kutsal Ruh tarafından bize bahşedilir ve geliştirilmesi gerekir.

İsa şöyle devam eder:

"İşittiklerinize dikkat edin! Hangi ölçekle verirseniz, aynı ölçekle alacaksınız. Hatta size daha fazlası verilecek.

Çünkü kimde varsa, ona daha çok verilecek. Ama kimde yoksa, elindeki de alınacak."

(Markos 4:24-25)

İsa Mesih burada üç prensibi gözlerimizin önüne serer.. Birincisi, temel koşul işitme yeteneğine sahip olmaktır, bu Tanrı'nın sesini işitmektir. "İşitecek kulağı olan işitsin!"

İkincisi, doğru şekilde işiterek (veya doğru şeyleri dinleyerek), ruhsal kaynaklarımızı geliştiririz. "İşiten"lere İsa "daha da çok verilecektir" der. Sizin verdiğiniz ölçekle size geri verilecektir. Siz kendinizi Tanrı'yı duymak için ne kadar verirseniz Tanrı da Kendini size o kadar çok açar. Diğer bir deyişle, Tanrı'nın Kendini bize açma derecesini *biz* belirleyeceğiz. İşitme ölçümüz, Tanrı'nın bize Kendini ne kadar açacağını belirler.

Üçüncü prensip: Yanlış işiterek (veya işitmeyi başaramayarak) ruhsal kaynaklarımızı azaltırız ve bunun sonucunda ruhsal olarak iflas ederiz. İsa şöyle der: *"Çünkü kimde varsa, ona daha çok verilecek. Ama kimde yoksa, elindeki de alınacak"* (Markos 4:25). Geçmişinde Rab'bin bol kutsamasıyla doluyken artık tamamen iflas etmiş görünen Hristiyanlar ile karşılaştım. Onları çökerten şey neydi? Onlar işitme becerilerini kaybedip (işitme becerilerini geliştirmeyi bırakıp), yanlış şeyleri dinlemeye başlamışlardı. Onlar Tanrı ile iletişimi kesip, kendilerini kötü olana, olumsuz kaynaklara

açmışlardı ve bu da onları ruhsal olarak iflas ettir-
mişti.

Nasıl İşittiğinize

İsa nasıl işittiğimiz konusunda da dikkatli olma-
mızı söyler:

*Bunun için, nasıl dinlediğinize dikkat edin. Kimde
varsa, ona daha çok verilecek. Ama kimde yoksa,
kendisinde var sandığı bile elinden alınacak.*
(Luka 8:18)

Yine aynı ciddi uyarıyı görüyoruz. Tanrı'yı duy-
mak için kendimizi açma yolumuz Tanrı'nın bize
Kendini açma şeklini belirleyecektir. Ancak, biz
yanlış şekilde duyarak Tanrı ile bağlantımızı ke-
sersek, iflas ederiz. İsa aynı ilkeyi tekrarlar: Ne ve
nasıl işittiğimize bağlı olarak yükseliş veya düşüş
ilkesi.

Nasıl işiteceğimiz konusunda başka bir prensibe
değinmek istiyorum: Neyi kabul edip, neyi redde-
deceğimizi öğrenmeliyiz. Eyüp 12:11'de bu ko-
nuda çok yerinde bir ayettir:

Damağın yemeği tattığı gibi
Kulak da sözleri denemez mi?

Ağzın yemekle ilgili yaptığını kulak da işittiği sözlerle ilgili yerine getirir. Ağzımıza acı veya hoş olmayan bir yemek koyduğumuzda yutmayıp, tükürdüğümüzü hepimiz biliriz. Eyüp'teki ifadenin söylediği şey, kulağın da işittiği şeylere aynı şeyi yapması gerektiğidir. İmanımız açısından acı, olumsuz veya yıkıcı bir şey duyduğumuzda bunu kabul etmemeli ve reddetmeliyiz.

Damağın yemeği tattığı gibi kulağımız da sözleri tartmalıdır. İnsanlara genellikle şöyle derim: "Bir vaizi (veya herhangi bir konuşan kişi) dinlerken, balık yerken ne yapıyorsanız onu uygulayın; balığın etini ağzınıza atın ve kılçıkları çıkarın. Eğer kılçıkları yutarsanız emin olun çok üzüleceksiniz." Bu önerim, İsa'nın "Ne işittiğinize dikkat edin" sözünün basit bir uygulama şeklidir. İyi şeyleri içeri alın, ama yanlış olanları dışarıda tutun. Eğer yanlış olanları da içeri alırsanız çok pişman olursunuz.

İman Gelir

İşitme konusundaki diğer bir prensip Romalılar 10:17'de belirtilmiştir: *"Demek ki iman, haberi duymakla* [gelir], *duymak da Mesih'le ilgili sözün yayılmasıyla olur."*

Bu büyük bir gerçektir: "İman gelir." İmansız olmamalısınız. İmanımın olmadığı zamanları hatırlıyorum. Hastalığım nedeniyle bir sene hastanede kaldım ve doktorlar beni iyileştiremiyorlardı. Umutsuzdum. Ancak bir gün Kutsal Ruh "İman gelir" ifadesini benim için hızlandırdı. İmanınız olmasa da sahip olabilirsiniz. Peki, imana nasıl sahip olabiliriz? İşiterek. Neyi? Tanrı Sözü'nü. Tanrı'nın Sözü'nü duymaya başladım ve duyarak imanım oluşmaya başladı ve sonunda hastaneden taburcu oldum. Tıbbi yollarla değil, ama Tanrı'nın doğaüstü gücüyle şifa buldum, çünkü Tanrı'nın Sözü'nü işiterek imana sahip oldum.

Vurgulamak istediğim önemli bir konu da şudur: İşitmek yoluyla gelen sadece iman değildir, imansızlık da işitmekle gelir. 2. Timoteos 2:16-18'de Pavlus Timoteos'a nasıl iyi bir Hristiyan yaşamı süreceği konusunda öğüt verir:

Bayağı, boş sözlerden sakın. Çünkü bunlara dalanlar tanrısızlıkta daha da ileri gidecekler. Sözleri kangren gibi yayılacak. Himeneos'la Filitos bunlardandır. 'Diriliş olup bitti' diyerek gerçek yoldan saptılar. Şimdi de bazılarının imanını altüst ediyorlar.

(2. Timoteos 2:16-18)

Pavlus imanını korumak isteyenlere tanrısızları veya Himenos ve Filitos gibi yanlış öğretiler verenleri dinlememelerini söylüyor...

Dinlemeye devam ettiğinizde bu sözler yüreklerinize ve zihninize girecektir ve kanserin sağlıklı bir bedeni kemirmesi gibi imanınızı yemeye başlayacaktır. Bunun yerine, doğru şekilde ne ve nasıl işiteceğiniz konusunda alıştırma yapıp kendinizi geliştirin. İman Tanrı Sözü'nü işitmekle gelir.

Arkadaşlarınızı ve ilişki içinde olduğunuz kişileri özenle seçmeniz sizin için tutarlı bir cankurtaran olur, çünkü en çok dinleyeceğiniz kişiler çevrenizdeki insanlardır. Size söyleyecek doğru şeyleri olan kişileri dinlemeyi istemelisiniz, sizin imanınızı yıkacak kişileri değil.

İmansızlarla aynı boyunduruğa girmeyin. Çünkü doğrulukla fesadın ne ortaklığı, ışıkla karanlığın ne paydaşlığı olabilir?

(2. Korintliler 6:14)

Karanlığın meyvesiz işlerine katılmayın. Tersine, onları açığa çıkarın.

Karanlıktakilerin gizlice yaptıklarından söz etmek bile ayıptır.

(Efesliler 5:11-12)

Sözleri ve davranışları kötü olanlarla ilişki içinde olmayın. Yoksa ruhsal olarak zehirlenirsiniz. Pavlus bunu olumlu yönden Timoteos'a söyler:

Gençlik arzularından kaç. Temiz yürekle Rab'be yakaranlarla birlikte doğruluğun, imanın, sevginin ve esenliğin ardından koş.

(2. Timoteos 2:22)

Başka bir deyişle, iyi şeyleri sürdürmek istiyorsanız, bunu temiz yürekle Rab'bi çağıran doğru arkadaşlarla birlikte yapmalısınız.

9

Uygun Öncelikler

T anrı'nın sağlayışını eksiksiz olarak almak istiyorsanız... cümlesini tamamlamanın yedinci yolu ise *geçici olandan çok kalıcı değerler ile ilgilenmektir.*

Kutsal Yazılar'da geçici ile kalıcı değerlerin yan yana olduğu ve kıyaslandığı bir ayet vardır:

Çünkü geçici, hafif sıkıntılarımız bize, ağırlıkta hiçbir şeyle karşılaştırılamayacak kadar büyük, sonsuz bir yücelik kazandırmaktadır.

Gözlerimizi görünen şeylere değil, görünmeyenlere çeviriyoruz. Çünkü görünenler geçicidir, görünmeyenlerse sonsuza dek kalıcıdır.

(2. Korintliler 4:17-18)

Pavlus her şeyi iki sınıfa ayırır: Kalıcı ve geçici. Geçici olanlar görebildiğimiz, duyularımız ile hissedebildiğimiz bu dünyaya ait şeylerdir. Ancak kalıcı olanlar gözle görülmez. Onlar görünmeyen, sonsuz dünyaya aittir. Pavlus bize hayati önem taşıyan bir prensip sunar: Eğer görünen şeylere değil de görünmeyen şeylere bakıyorsak geçici, hafif sıkıntılarımız bize, ağırlıkta hiçbir şeyle karşılaştırılamayacak kadar büyük, sonsuz bir yücelik kazandırır.

Birçoğumuz sıkıntılardan geçeceğiz; bu gerçekle yüzleşmeliyiz. Er ya da geç bu yaşamda sorunlar, zorluklar veya yokluklar ile karşılaşacağız ve *biz görünmeyen şeylere bakmayı sürdürdüğümüz sürece* bunlar bize kalıcı değerler sağlayacaktır. Ancak gözlerimizi kalıcı olandan çevirip sadece duyularımızla algıladığımız bu dünyanın geçici şeylerine bakarsak bu sıkıntılarımız Tanrı'nın bizim için amaçladığı kalıcı zaferi sağlamakta işe yaramaz.

Bir sıkıntı veya sorunla karşılaştığımızda bunlara vereceğimiz doğru karşılığı öğrenmemiz çok önemlidir. Sorunların ve felaketlerin kalıcı olandaki dikkatimizi dağıtmasına izin vermemeliyiz, aksine bu zor durumlarda da gözlerimizi kalıcı ve görünmeyen şeylerden ayırmamalıyız.

Burada Pavlus görünmeyene bakma çelişkisini kasıtlı olarak kullanıyor. Görünmeyen bir şeye nasıl bakarsınız? Cevap, tabi ki kalıcı olanı fiziksel duyularımızla değil ama imanla algıladığımızdır. Duyularımız ile geçici olanla; imanımızla ise sonsuz olanla irtibata geçeriz.

Aynı mektubun ilerleyen bölümlerinde Pavlus Hristiyanlar'a *"Gözle görülene değil, imana dayanarak yaşarız"* (2. Korintliler 5:7) der. Başka bir deyişle, öncelikle duyularımız ile algıladığımız bu dünyanın geçici şeylerinden etkilenmeyiz. Bunun yerine iman ile yürürüz. Görünmeyen dünyanın kalıcı şeyleriyle yönetilir, denetlenir ve teşvik ediliriz.

2. Korintliler 3:18'de Pavlus bu konuyla ilgili önemli ve Tanrı'nın Sözü'nün aynasında açığa çıkan bir vahiy daha verir. Yeni Antlaşma'da Tanrı Sözü genellikle bir aynaya benzetilir. Bu aynanın bize fiziksel, doğal bedenimizi veya dış görünüşümüzü göstermediği ama görünmeyeni, kalıcı olanı, yani ruhsal doğamızı ve ruhsal dünyaya ait şeyleri gösterdiği anlatılır:

Ve biz hepimiz peçesiz yüzle Rab'bin yüceliğini görerek yücelik üstüne yücelikle O'na benzer olmak üzere değiştiriliyoruz. Bu da Ruh olan Rab sayesinde oluyor.

(2. Korintliler 3:18)

Yine aynı prensip ortaya konulur. Tanrı'nın bizim için hazırladığı sonsuzluğu ve yüceliği sadece Tanrı'nın Söz'ünün aynasına bakarak görebiliriz. Kutsal Ruh bizi bu yüceliğin benzerliğine dönüştürmeye çalışır. Gözerimizi sonsuz olandan çevirirsek Kutsal Ruh bizde yaptığı dönüşümü sürdüremez. İsa hem kalıcı olanın hem de geçici olanın Rabbi'dir. Önceliklerimizi doğru belirlediğimizde O bizi her iki alemde de kutsayacaktır. Önceliklerimiz yanlış ise Rab'den gelen bereketi kaçırırız ve Kutsal Ruh bizde etkin olamaz.

Musa, önceliklerini doğru belirleyen insana iyi bir örnektir. İbraniler 11'de bunun açıklamasını görürüz:

Musa büyüyünce iman sayesinde firavunun kızının oğlu olarak tanınmayı reddetti.

Bir süre için günahın sefasını sürmektense, Tanrı'nın halkıyla birlikte baskı görmeyi yeğledi.

Mesih uğruna aşağılanmayı Mısır hazinelerinden daha büyük zenginlik saydı. Çünkü alacağı ödülü düşünüyordu.

Kralın öfkesinden korkmadan imanla Mısır'dan ayrıldı. Görünmez Olan'ı görür gibi dayandı.

(İbraniler 11:24-27)

Kilit cümleye dikkat edin: "Görünmez Olan'ı görür gibi dayandı." O ebedi Tanrı'yı, ebedi alemi ve ebedi gerçeği gördü. Musa bunları nasıl gördü? Duyularıyla değil imanıyla. Çünkü iman ile görünmeyen, ebedi gerçekler ile bir bağ kurdu, çağrısından sapmadı ve değerlendirme duyusunu kaybetmedi. Tanrı'nın sonsuz zenginliğinin yanında, Mısır'ın zenginliğine itibar etmedi. Tanrı'nın sonsuz zenginliğine kavuşmak için Mısır'ın zenginliğini bırakmaya istekliydi. Onun öncelikleri doğruydu çünkü iman ile gözlerini görünmeyen ebedi gerçeklere dikti.

Bu bağlamda kültürümüzde ve bu medeniyette özellikle önemli olduğunu düşündüğüm bir uyarı yapmak istiyorum: Zenginliğin peşinden koşmayın. Zenginliği amaç edinmeyin. Pavlus'un zenginlik peşinden koşan Hristiyanlar'a söylemek istediği üzücü ve ciddi bir şey var:

Zengin olmak isteyenler ayartılıp tuzağa düşerler, insanı çöküşe ve yıkıma götüren birçok saçma ve zararlı arzulara kapılırlar.

Çünkü her türlü kötülüğün bir kökü de para sevgisidir. Kimileri zengin olma hevesiyle imandan saptılar, kendi kendilerine çok acı çektirdiler.

Ama sen, ey Tanrı adamı, bu şeylerden kaç! Doğruluğun, Tanrı yolunun, imanın, sevginin, sabrın, uysallığın ardından koş.

(1. Timoteos 6:9-11)

Zenginliğin peşinden koşmayın. Kalıcı değerlerin, kalıcı zenginliğin peşinden koşun, Geçici olan zenginliğin peşinden koşar, gözlerinizi buna diker ve amacınız olarak bunu seçerseniz çok üzülürsünüz. Sayısız acılarla parçalanırsınız. Tuzağa düşersiniz ve "insanı çöküşe ve yıkıma götüren birçok saçma ve zararlı arzulara" kapılırsınız. Bu sözleri işitin ve yüreğinizde zenginlik arzusu var ise gelin bugün geri dönün.

Zenginlik sürmenin farklı bir seçeneğini sağladığı için Tanrı'ya hamt ederim. Tanrı'nın krallığını arar ve Tanrı'nın bizim ihtiyaçlarımızı bolca karşılamasına izin verebiliriz çünkü Tanrı cimri değil, cömerttir. Rab, güdülerimizin doğru olduğunu gördüğünde cömertliğini bize gösterebilir. İsa şöyle der:

Öyleyse, 'Ne yiyeceğiz?' 'Ne içeceğiz?' ya da 'Ne giyeceğiz?' diyerek kaygılanmayın.

Uluslar hep bu şeylerin peşinden giderler. Oysa göksel Babanız bütün bunlara gereksinmeniz olduğunu bilir.

Siz öncelikle O'nun egemenliğinin ve doğruluğunun ardından gidin, o zaman size bütün bunlar da verilecektir.

(Matta 6:31-33)

Geçici olanın peşinden koşmak ile kalıcı olanın peşinden koşarak geçici olanı size vermesi için Tanrı'ya izin vermek arasında büyük fark vardır. Önceliklerinizi iyi belirlemelisiniz.

10

Tanrı'nın Seçmesine İzin Vermek

Tanrı'nın sağlayışını eksiksiz olarak almak isteyenler için son tavsiyem: Bırakın Tanrı sizin yerinize seçsin.

Vaftizci Yahya'nın şu ifadesinden çok etkilenirim:

Yahya şöyle yanıt verdi: "İnsan, kendisine gökten verilmedikçe hiçbir şey alamaz."

(Yuhanna 3:27)

Yahya'nın öğrencileri Yahya'ya gelip, Mesih olduğunu iddia eden birinin ondan daha fazla izleyici edindiğini bildirdiler ve Yahya'nın bunu duyunca hayal kırıklığına uğrayacağını düşündüler. Ancak Yahya şöyle dedi: "Bunda ne gariplik var? İnsan, kendisine gökten verilmedikçe hiçbir şey alamaz." Birçok vaiz, kiliseler ve dini gruplar başkası daha çok kilise üyesine sahipse, daha çok kişiyi Mesih'e kazandırabiliyorsa veya daha büyük bir hizmeti varsa hayal kırıklığına uğrarlar. Ancak

Yahya'nın bu duruşunu, yani insan kendisine gökten verilmedikçe hiçbir şey alamaz düşüncesini geliştirmeliyiz.

Bir keresinde hizmetim esnasında bu dersi daha dikkatli bir şekilde öğrenmem gerektiğinin farkına vardım. Bu konu üzerinde derin düşüncelere dalmışken "Rab bunun doğru olduğuna emin misin? Bir sürü şeye sahip olan birçok kişi görüyorum ve bu verilenlerin göklerden olduğu hakkında hiç bir kanıt görmüyorum" dedim. Bu sorumu Kutsal Ruh şu şekilde cevapladı: "Almak ve elinden kapmak arasında fark vardır." Bu gözlerimi açtı! Hristiyanlar da dahil olmak üzere, sahip olduklarının dışındakileri kapmaya odaklanmış bir sürü insan gördüm. Çoğunlukla Hristiyanlar'la ve diğer insanlarla ilişkilerinde acımasız ve ahlaksız ilişkiler içindeydiler. Bulabildikleri her şeyi almak için dışarıdaydılar. Ve Tanrı bana şöyle dedi: "Bu sadece elinden kapmak. Kaparak sahip olduğunuz hiçbir şeyi sonsuza kadar elinizde tutamazsın."

Eninde sonunda elinizde kalacak tek şey göklerden size verilendir. Peki, saklamanıza izin verilmeyecek olan bu şeyleri kapmak için bu çaba ve gayret neden? Neden sakince durup Tanrı'ya bakarak "Tanrım, bana vermek için uygun gördüğün şeyleri göster" demeyelim?

İsa öğrencilerine şöyle dedi, *"Korkma, ey küçük sürü! Çünkü Babanız, egemenliği size vermeyi uygun gördü"* (Luka 12:32). Kardeşlerim, krallığa sahipken bir şeyler kapmaya çalışmak neden? Bu egemenliği zorla ele geçirmedik, ona sahip olmamızın nedeni Tanrı'nın onu bize vermeyi uygun görmesidir. Bir şeyleri kapmaktan kendimizi alıkoymayı öğrenip, Tanrı'nın bize vermek istediklerini görmeye istekli olalım. Kapmayı veya kapma tavrını sürdürdüğümüz sürece Tanrı'nın bize karşılıksız olarak sunduklarını alabilecek konumda olamayız.

İsrail'de uzun yıllar yaşadım ve orada şu ifadeyi çok duydum: "Buna hakkım var, bu benim!" Bu doğal bir düşünce tarzı fakat Tanrı'nın krallığındaki düşünce tarzı bu değildir. Tanrı'nın krallığında, şöyle deriz: "Tanrım, Babam, bana vermeyi uygun gördüğün şey nedir?" Önemli olan tek şey budur. Kalıcı olan budur.

Tanrı halkına, İsrailliler'e, Mezmur 47'de şöyle dedi:

Ne müthiştir yüce RAB,
Bütün dünyanın ulu Kralı.
Halkları altımıza,
Ulusları ayaklarımızın dibine serer.

Sevdiği Yakup'un gururu olan mirasımızı
O seçti bizim için.

(Mezmur 47:2-4)

Tanrı İsrailliler'e dışarı çıkmalarını ve en güzel toprak parçasını arayıp onu zorla ele geçirmelerini söylemedi. O, Kendi seçtiği yeri onlara verebileceğini söyledi. Bu bölge ile ilgili *gurur* (yücelik) kelimesini kullandı. Kutsal Kitap'ta İsrail toprağı hakkında tüm topraklardan yüce, güzel ve arzu edilen bir toprak olduğu söylenir. Tanrı onlara kendileri için seçebileceklerinden çok daha güzelini verdi. Miraslarına sahip olma noktasında, Tanrı onlar için savaştı ve ulusları ayaklarının dibine serdi.

Eğer dışarı çıkar ve kaparsak, Tanrı bizim için savaşmayacaktır. Ayrıca çıkıp, kapmaya çalıştığımızda muhtemelen kazanamayacağımız bir savaşa girmiş oluruz. Kapmaya çalışmaya gerek yok çünkü Tanrı mirasımıza ulaşmamız için gereken her şeyi yapacaktır.

Kutsal Kitap'a baktığımızda diğer bir hayati noktanın ise gerçek rahat bulabileceğimiz tek yerin mirasımıza kavuştuğumuz yer olduğunu görürüz. Henüz Ürdün Nehri'nin doğusundayken Musa İsrailliler'e şöyle dedi: *"Çünkü Tanrınız RAB'bin*

*size vereceği dinlenme yerine, mülke daha ulaş-
madınız"* (Yasa'nın Tekrarı 12:9).

Tanrı'nın onlara miraslarını verdiğine ve daha
sonra rahata kavuştuklarına dikkat edin. Neden
dünyada rahat edemeyen çok fazla Hristiyan var?
Çünkü hiç biri mirasına kavuşamıyor. Neden hiç
biri mirasına kavuşamıyor? Çünkü Tanrıya miras-
larını vermesi için hiç izin vermiyorlar. Neden bu
insanlar Tanrı'ya miraslarını vermesi için izin ver-
miyorlar? Çünkü kendilerinin kapması gerektiğini
düşünüyorlar.

Tanrı'nın bize verdikleri ile ilgili birkaç önemli
nokta daha var. İlk olarak, İsa'nın Yuhanna
10:29'da söylediği şahane bir cümle var:
"Baba'mın bana verdiği, her şeyden üstündür."
Bu, modern Kutsal Kitap tercümeleri içinde mar-
jinal bir çeviridir. Orijinal Grekçe metne baktım
ve bunun doğruluğu en iyi kanıtlanmış orijinal
metin olduğuna inanıyorum. "Babam'ın bana ver-
diği, her şeyden üstündür." Bu nefes kesen bir
cümledir! Eninde sonunda, evrendeki en önemli
ve karşı koyulmaz, kesin olan, sabit, tartışma gö-
türmeyen veya yıkılmayan tek şey, Baba'nın ver-
diği şeydir. Bu her şeyden daha üstündür. Bunu
cehennemden gelen hiçbir güç veya cinler ya da

bu dünyanın zalim yöneticileri bozamaz, yıkamaz veya değiştiremez.

İsa'nın özelliği, asla Baba'nın verdiklerinden başka bir şey istememesiydi. Baba'nın İsa'ya verdiklerini engelleyebilecek hiçbir güç yoktu. İsa için doğru olan, aynı ölçüde sizin ve benim için de doğrudur. Baba'nın size ve bana verdiği de her şeyden daha üstündür. Bu konuda tereddütleriniz olduğunda sinirlenmeyin veya gerilmeyin. Gerilmeniz Baba'nın size verdiğini kabullenmemenizin bir kanıtıdır. Eğer Baba'nın bunu size verdiğini bilirseniz tüm itirazlara güler geçersiniz. Bunun güvencesi kesinlikle verilmiştir. Bu evrenin gidişatındaki en önemli unsur, Baba Tanrı'nın size verdikleridir.

Bunlar İsa'nın Dağdaki Vaaz'ındaki sözleridir: *"Ne mutlu yumuşak huylu olanlara! Çünkü onlar yeryüzünü miras alacaklar"* (Matta 5:5). Bunu anlıyor musunuz? Dünya'yı gasp etmek gerekmiyor; onu miras alacaklar. Gaspçılar uzaklaştırılacak. Ele geçirmeye çalışanların, açgözlülerin, vicdansızların, hırslı, vahşi ve ruhunda kötülük besleyenlerin sonu gelecek. Kutsal Kitap sonlarının geleceğini söylüyor. Kötülere baktığınızda onların izini bile bulamayacaksınız. Ancak, yumuşak huylular yeryüzünü miras alacaklar. Tanrı'nın mirasımızı seçmesine izin vermek ve Baba'nın verdiğinin en üstün şey olduğunu anlamak çok önemlidir.

Tanrı'nın sağlayışını eksiksiz almakla ilgili bu kitabı bir zamanlar duyduğum bir sözden bahsederek bitirmek istiyorum: "Tanrı, seçimi O'na bırakan herkese en mükemmeli verir." Peki, siz seçimi Baba'ya bırakmaya istekli misiniz?

Özet olarak, Tanrı'nın sağlayışını eksiksiz almak için gerekli olanları listelemek istiyorum:

1 - Tanrı'dan en iyiyi isteyin. Azıyla yetinmeyin.

2 - İsa'ya odaklanın.

3 - Tanrı Sözü üzerine derin düşünün.

4 - Kutsal Ruh ile dostluk kurun.

5 - Tanrı'nın Sözünü işitin ve gecikmeden itaat edin.

6 - Ne işittiğinize ve nasıl işittiğinize dikkat edin.

7 - Geçici olan yerine kalıcı olanla ilgilenin. Önceliklerinizin doğru olduğuna emin olun.

8 - Tanrı'nın sizin yerinize seçmesine izin verin.

Yazar Hakkında

Derek Prince (1915-2003) Hindistan'ın Bangalore eyaletinde, İngiliz ordusuna bağlı asker kökenli bir ailede doğdu. İngiltere'de Eton Lisesi ve Cambridge Üniversitesi'nde ve daha sonra İsrail'deki İbrani Üniversitesi'nde klasik diller (Yunanca, Latince, İbranice ve Aramice) konusunda araştırmacı olarak eğitim aldı. Öğrencilik yıllarında sıkı bir felsefeciydi ve kendini ateist olarak ilan etmişti. Cambridge'deki King's Lisesi'nde antik ve modern felsefe derslerini başlattı.

İkinci Dünya Savaşı sırasında, İngiliz Sıhhiye Kolordusundayken, Prince bir felsefe çalışması olarak Kutsal Kitap okumaya başladı. İsa Mesih'le yaşadığı güçlü birlikteliğin dönüşümüyle, birkaç gün sonra Kutsal Ruh'la vaftiz oldu. Bu yaşam değiştiren tecrübenin tüm hayatına işlemesiyle kendini Kutsal Kitap çalışmaya ve öğretmeye adadı.

1945'te Kudüs'te ordudan ayrılıp oradaki çocuk evinin kurucusu olan Lydia Christensen'le evlendi. Evliliğinde, Lyda'nın evlat edinilmiş sekiz kız çocuğunun da (altısı Yahudi, biri Filistin'li

Arap, biri de İngiliz) babası oldu. Ailece İsrail devletinin 1948'de yeniden doğuşunu gördüler. 1950'lerin sonunda Kenya'daki bir lisede müdürlük yaparken, başka bir kız çocuğu daha evlat edindi.

Prince 1963 yılında Amerika Birleşik Devletlerine göç etti ve Seattle'da bir kilisede pastörlük yapmaya başladı. John F. Kennedy'nin katledilmesinin de etkisiyle Prince Amerikalılara kendi ulusları için Tanrı'nın önünde nasıl aracılık etmeleri gerektiğini öğretmeye başladı. 1973'de Amerika İçin Dua Eden Aracılar'ın kurucularından biri oldu. Dua ve Oruçla Tarihi Şekillendirmek adlı kitabıyla dünyanın dört bir yanındaki Hristiyanları kendi hükümetleri için dua etme sorumluluğu konusunda uyandırdı. Birçoklarına göre bu kitabın el altından yapılan gizli çevirileri SSCB, Doğu Almanya ve Çekoslovakya'daki komünist rejimlerin yıkılmasında etkin bir rol oynadı.

Lydia Prince 1975'de öldü ve Derek 1978'de Ruth Baker'la (evlat edindiği üç çocuğa annelik yapan bekar bir kadın) evlendi. İlk eşine rastladığı Kudüs'te Rab'be hizmet ederken ikinci eşiyle tanıştı. 1981'den Ruth'un öldüğü 1998 Aralık ayına kadar Kudüs'te beraber yaşadılar.

2003 yılında 88 yaşındayken hayata gözlerini kapamasından birkaç yıl öncesine kadar Tanrı'nın onu çağırdığı hizmetlerde çalışmaya devam etti. Tanrı'nın açıkladığı gerçekleri duyurmak için dünyanın dört yanına seyahat etti, hastalar ve cinliler için dua etti ve Kutsal Kitap'ın ışında dünyadaki olaylarla ilgili peygamberliklerde bulundu. Yazdığı elliden fazla kitap, altmıştan fazla dile çevrilerek tüm dünyaya dağıtıldı. Nesilden nesle geçen lanetler, İsrail'in müjdesel önemi ve demonoloji (Şeytan bilimi) gibi çığır açan konulardaki öğretilere öncülük etti.

Uluslararası merkezi North Carolina Charlotte'da bulunan Derek Prince Hizmetleri, dünyaya yayılmış şubeleriyle öğretilerini yaymaya ve hizmetkârlar, kilise liderleri ve cemaatler için eğitim vermeye devam etmektedir. Başarılı Yaşamın Anahtarları (şimdilerde Derek Prince'in Mirası Radyosu diye anılıyor) adlı radyo programı 1979'da başladı ve bir düzineden fazla lisana tercüme edildi. Tahminlere göre Prince'in açık, mezhepsel olmayan Kutsal Kitap öğretileri dünyanın yarısından fazlasına ulaştı.

Dünyaca tanınan bir Kutsal Kitap araştırmacısı ve ruhsal bir lider olarak Derek Prince, altı kıtada yetmiş yıldan fazla öğretti ve hizmet verdi.

2002'de şöyle demişti: "Benim (ve inanıyorum ki Rab'bin de) isteğim, altmış yılı aşkın bir süredir Tanrı'nın benim aracılığımla başlattığı bu hizmetin yaptığı işe İsa dönene kadar devam etmesidir."